nán rén
男人·

nǚ rén
女人·

wǒ zì jǐ
我自己

[韩] 慎珠熙 著
禹文卿 绘
刘舒亚 译

江苏凤凰科学技术出版社 凤凰含章

图书在版编目（CIP）数据

男人·女人·我自己 / (韩) 慎珠熙著；(韩) 禹文卿绘；刘舒亚译. -- 南京：江苏凤凰科学技术出版社, 2016.9
ISBN 978-7-5537-6800-7

Ⅰ. ①男… Ⅱ. ①慎… ②禹… ③刘… Ⅲ. ①爱情－通俗读物 Ⅳ. ①C913.1-49

中国版本图书馆CIP数据核字(2016)第152550号

江苏省版权局著作权合同登记 图字：10-2016-135号

男人·女人·我自己

著　　者	[韩] 慎珠熙
绘　　者	[韩] 禹文卿
译　　者	刘舒亚
责任编辑	祝　萍
责任监制	曹叶平　方　晨
出版发行	凤凰出版传媒股份有限公司 江苏凤凰科学技术出版社
出版社地址	南京市湖南路1号A楼，邮编：210009
出版社网址	http://www.pspress.cn
经　　销	凤凰出版传媒股份有限公司
印　　刷	北京旭丰源印刷技术有限公司
开　　本	880 mm × 1230 mm 1/32
印　　张	8
字　　数	96 000
版　　次	2016年9月第1版
印　　次	2016年9月第1次印刷
标准书号	ISBN 978-7-5537-6800-7
定　　价	39.80元

图书如有印装质量问题，可随时向我社出版科调换。

在我的生活与追忆中，

你可以取走你想要的，

也可以选择放下。

因为你是自由的，

而我，

也会因你的选择

而自由。

目录

Part 1

男人 女人 4

Part 2

我自己 144

Part 1

男人 女人

关于你的记忆

凌晨寒冷的空气，
兀自闪烁的信号灯，
急转掉头的汽车。

寂静的游乐场，
醉酒男子的欢歌，
昏黄的路灯，
一盏，两盏，三盏，四盏。

只因心有所属，
便这么如痴如狂地等待着。
这便足矣。

不爱你的理由

成千上万。

爱上你，

却只需一个理由。

蓦地，

心中豁然开朗。

原来

我竟如此

喜欢你。

葬礼，

是一种

宣告某人

生命终结的仪式。

婚礼，

是一种

宣告某人

恋爱终结的仪式。

你虽近在咫尺，却好似远在天涯。

正因如此，我们才能地久天长。

你若即若离，我患得患失。

爱情不过是一份不舍之情。

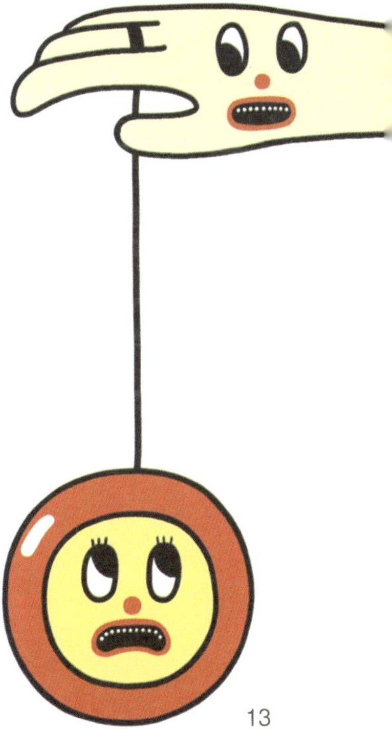

无论我站在何种角度，

都无法懂你。

虽未亲历你过往的人生，

但至少，

我一直尝试走近你。

每当这时，

对你的了解便又深了些许。

或许我需要耗尽一生，

才能完全了解你。

没错，我就爱
你的深不可测。

我不懂逗你开心。

但至少，

我可以分担你的忧愁。

LOVE

和你在一起，

即便是颜色，

也有了独特的意义。

你专属的红，

你专属的蓝，

你专属的绿，

这些独特的色彩，

只存在于与你共度的光阴里。

你。

如果有人让我

画出爱情的模样，

我会毫不犹疑地

画出你的脸庞。

我们总是通过伤害彼此
来掂量灵魂的质与量。
用最犀利、毒辣的语言
深深刺痛彼此的心，
然后方才明白内心的强大与坚贞。

两个人一起生活，
大概就是这样吧。

不断地摩擦、碰撞
直至粉身碎骨，
方能彻底了解彼此。
继而用支离破碎的残片
将彼此修补完整。

爱情是永恒不变的，

变的只是爱的那个人而已。

我是个随时随地都能睡着的人，

并曾反复地做过同一个梦。

因此，

我曾窥见梦的尽头。

我会随时随地因一个想法陷入沉思，

也有了一种能力，

会将一切事物与你相关联。

相思之苦，

早已如吃饭睡觉般平淡。

只是，有些时候，

一切都会瞬间崩塌。

因为想到，

以后只剩我独自一个人

面对黯淡的人生。

在未来的某个时刻，
我们的记忆中会留下一个点。
它会沿着抛物线
向你我缓缓而来。
我们徘徊于星际时，
留下的泪痕、日常琐事，
会凭各自的重量和密度在其中杳渺蔓延。
我们在时间的漩涡里兜兜转转后相逢的此刻、
敌不过你我老去的速度而终被放弃的梦想，
都会在未来的某个时刻，
成为悬在钟摆上的遥远回忆，
慢慢形成细密的句号。
我们之间烟花般短暂闪耀的爱情，
我们之间需分离亿万年之久的诀别，
都如同那生生不息的银河
在你我的记忆中亘古长存。

——不过是思索星星的形成，竟突然在寂寥深夜无端生出这些许的唠叨不要对我承诺永远。

爱意尽消的瞬间，

那些因爱而静止的时光一去不回，

只会成为一段青涩而美好的回忆，

你我也只得挥手作别。

因而永远一词

绝不属于你我。

在告白爱情之前，

首先该郑重承诺：

若爱已消逝，便放彼此高飞。

永远爱你
我爱你

奔波劳碌
是人与生俱来的宿命。
命中注定
我们要在奔波劳碌中磨平棱角。
若人生圆润了，
也便成就了爱情。
因此人类最可贵的价值
便是爱情。

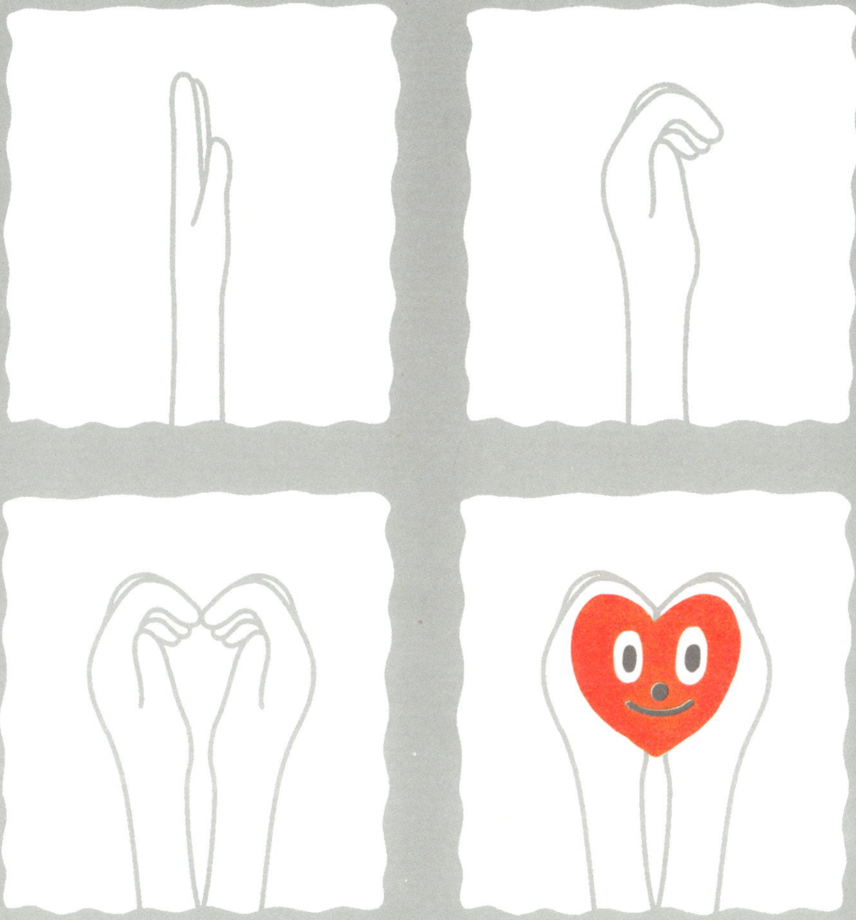

爱情就是不断提问的过程。

你是谁？

搅乱了我的心，却又为何一言不发？

对你而言我究竟是什么？

我们之间的感情会更牢不可破吗？

我最想问的是，我那么不完美，

你会爱上这样的我吗？

一旦坠入爱河，

想听到的答案会越来越多……

你！是不是
喜欢我？
!!!!!

世上还有什么
能比恋爱中的女人的谎言更真实呢？

坠入爱河就是
竭尽全力去误会对方。

为爱而爱，

为爱分离。

一切
皆起因于
爱。

为了爱你，

或许我需倾尽一生。

从我母亲那儿获得的生命，

从我母亲那儿得到的爱，

都给你。

沉睡中的孩子，似懂非懂地笑了。

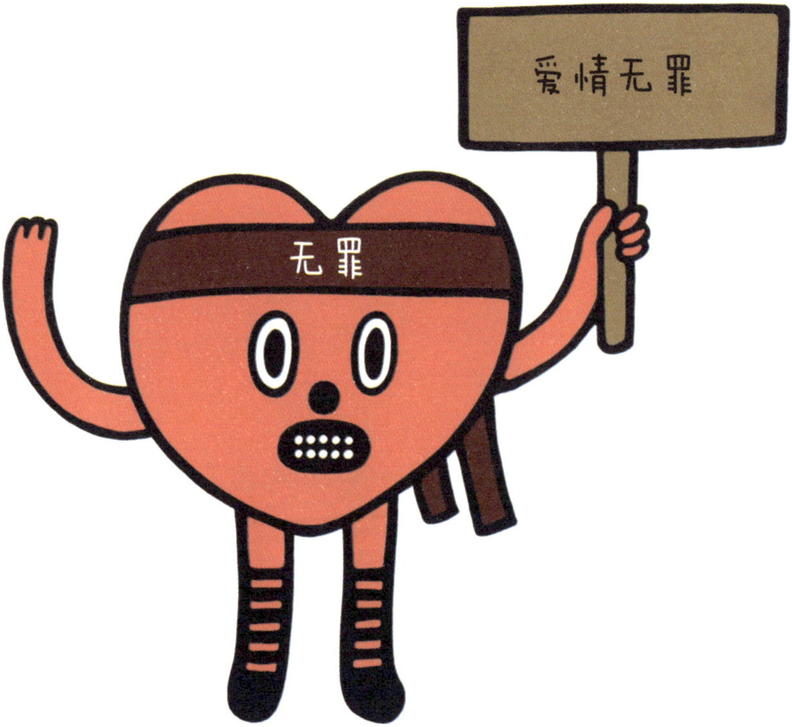
爱情无罪
无罪

当一段爱情落幕时，

你我早已遍体鳞伤。

殊不知，

我们是被彼此所伤，

而非爱情。

无论何种形式的爱情都如此……

爱情本身并无罪。

如若不曾被伤害，我便什么都不是。

如若不曾被抛弃，我便什么都不是。

经历过撕心裂肺、肝肠寸断、

千疮百孔、绝望崩溃，

如若没有你，

那我便真的什么都不是了。

四目相接的一瞬，
指尖轻触的一瞬，
面颊相贴、
朱唇微颤的一瞬，

我突然明白了
要活在当下。
愿你千万不要错过。

ZZZ
ZZZ

漫长而寂静的夜晚，
深邃而晴朗的夜晚，
极其漫长亦或极其短暂的夜晚，
激动人心而又令人晕眩的夜晚，
燥热难眠亦或严寒难耐的夜晚，
月明星稀的夜晚，
辗转反侧的夜晚，
亦或不愿梦醒的夜晚。

男人想要了解女人，
女人想要了解男人，
都必然需要这样的夜晚。

所谓相爱，

就是我的右脸轻触你的左脸；

就是唇唇相接，感受彼此的温度；

就是心心相印，抚平彼此的伤口；

就是明白双膝靠得再近也会有间隙；

就是将心中深藏的无数话语

通过指尖一一传递。

爱情是欲望的表现，

欲望是爱情的本质。

当我渴望的人

不再渴望我时，

我们便陷入了绝望。

不得不承认感情已不再炙热。

在这万事万物都需要热情的世界，

我只能冷眼旁观。

我宁愿变得冰冷。

我愿抑制内心的热情，缓缓地靠近你。

我愿冷却内心的渴望，从容地拥抱你。

爱的方式不同，

难道连爱情的温度也会不同吗？

我们不断地更正自己说过的话。

譬如朝思暮想之人的名字，

珍藏和丢弃记忆的清单，

辨别真伪的标准。

似乎混沌和误解是人活着的一种特权。

至少，

在爱情中如是。

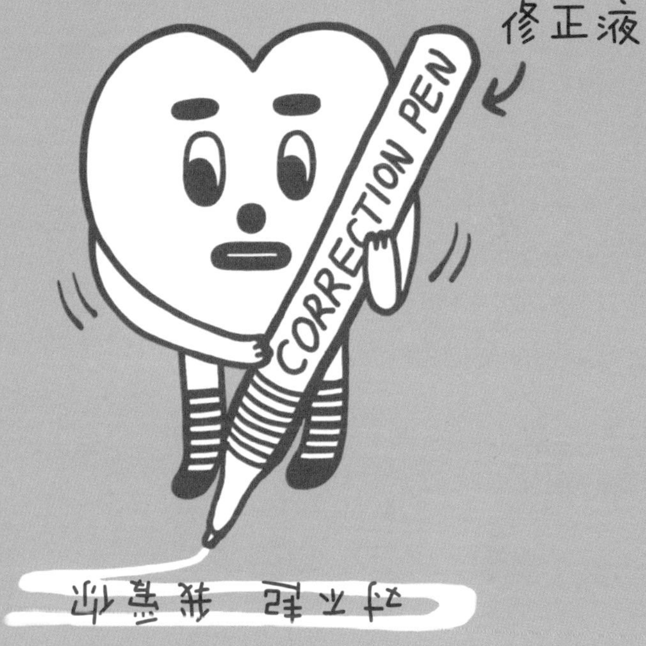
修正液
CORRECTION PEN

靠近一点，
再近一点，
突然明白，
如若不用尽心思仔细观察，
便无异于没看。

特别是人。

····
再近一点，
近一点，
近一点……

你总问我爱不爱你。

一遍，又一遍。

我说我爱你。

可我却像傻瓜一样并不知晓爱的含义，

一次，

又一次。

我爱你！
我爱你……
爱你吗？
我爱你
我爱你~

迄今为止，我一直以为爱是灵魂的抉择。

原来并非如此。爱是身体的本能。

我以为这样很好。与你相识，与你牵手，与你饮茶，与你散步。终日无所事事，空手而归。那些婉转的情话、呛人的气话，那些缠绵悱恻的密语、宛若银铃的笑声。无论在哪里，都那么美好。然而，此时此刻，最该做的就是想好回去的路。至少，对我这样的凡夫俗子而言，这条路不该太过缥缈。

一边漫步，一边怀念你。

你就像那天边遥不可及的星辰，

你就是我头顶的夜空。

令我筋疲力尽的，

不是在暴风雨夜

苦等恋人回心转意，

而是要神采奕奕地迎接清晨，

佯装对旧爱已毫不在意。

相遇至今，他从未真正爱过我。

突然间，

我才发觉

原来我也不曾那么爱惜自己。

在当今社会，

若只有爱情，

那便连这爱情都

无法长久。

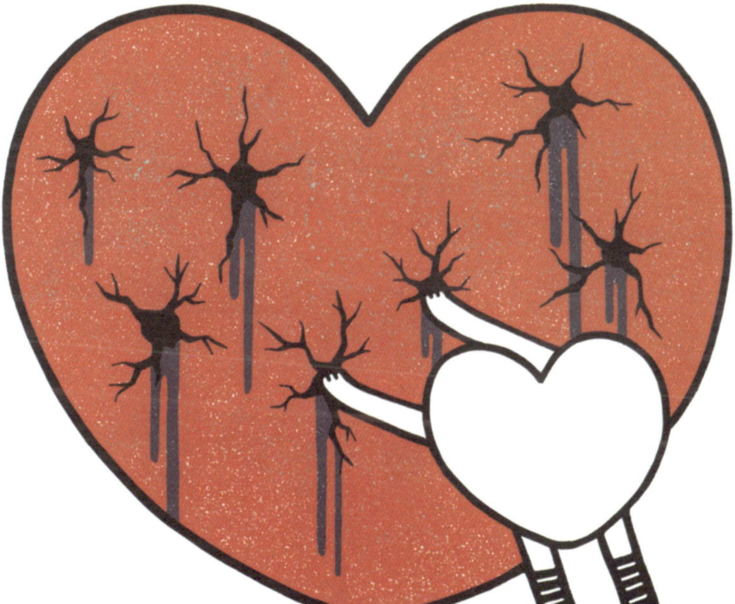

握着你冰冷的手，我突然明白，
原来爱情和热情并非一体。

风起了。
天凉了。
心已不再悸动，吻已不再甜蜜。
可你仍说爱情还在，于是我想问问你：
不互诉衷肠，
不互表爱意，
不互相纠缠、苦苦哀求的冷淡关系，
究竟算是什么爱情？
这样的爱情何尝不是一种绝望。

毫无用处。是时候扔掉了。
你的方位已然很明确了。
骄傲的我，曾经豪言壮语，
誓要留在你身边绝不回头，
绝不会感到孤独，
甚至绘制了一张专属地图。
这是一张没有任何指引的地图，
除了我独自流浪的痕迹，
我真的说过，
要凭这样一张地图找到你吗?

LOVE ROAD

因为曾经相爱，

所以如今已不再需要爱情。

因为我们曾经是和煦春日，灿烂盛夏，

所以我们如樱花般绚烂地欢笑过，如杂草般无声地哭泣过。

春去秋来，夏却冬至。

踟蹰不前间又过了一季。

那时
我最爱的探险就是，
透着青苹果香的
你那深邃的眼眸。

这是令人好奇
初恋的他
是否安好的季节。

原来这世上还有一种淡淡的悲伤。

春夜犹如45度烧酒，令人沉醉，

只要一想起你，我的双臂与双腿

便情不自禁地向你靠近，

我只得将其斩断。

与我共度这白色夜晚的唯有

烧酒，

樱花，

月光。

为了永不回头，
我在你心上狠狠打上一锤。

再见，
我们彼此走好。

究竟何时

才算真的结束。

是相约绝不再见的分手时刻，

还是和别人步入婚姻殿堂的时刻？

是随时间流逝在彼此记忆中模糊不清的时刻，

还是直至其中一方死去为止？

若是忆起昔年分手的恋人时联想到了这些，

到底算是结束了，还是没有？

牵着他的手！

不分时间与场合大胆地亲吻他！

尽情享受肌肤之亲与鱼水之欢。

宣称自己并不单纯。

你若自认为单纯，

便是把自己关进了名为单纯的牢笼。

毫无欲望的爱情，除了上帝谁也做不到，

这该是人尽皆知的常识。

单纯

没有一条捷径直达你身边。

我的言语和你的理解之间，

总会无端生出数不尽的误会。

即便如此，我也一定要抵达你身边。

导航仪不起作用，

指南针也无法明辨方向。

我只知道我爱你，

这是唯一的线索。

两颗心渐行渐远。

如同手中的咖啡慢慢冷却。

我们在对方的世界里越变越小，

最终成为一个孤独的点。

仿佛全身的水分，

包括心脏的水分都瞬间蒸发。

彼此的话语犹如两条平行线没有交集，

左右之间横亘着无尽的时空。

当爱已成往事，

便会在这世上消失得无影无踪。

你我亦如是。

你是否也曾喃喃自语“下雪了”。
当你自言自语时，
是否会有某个人在你心中一闪而过？
你是否仍旧思念着这个人？
是否又马上暗下决心“就到今冬为止”？

他曾在我耳边喁喁细语：

我喜欢《If Only》这部电影。

数年后，

我轻启双唇：

我也喜欢《If Only》这部电影。

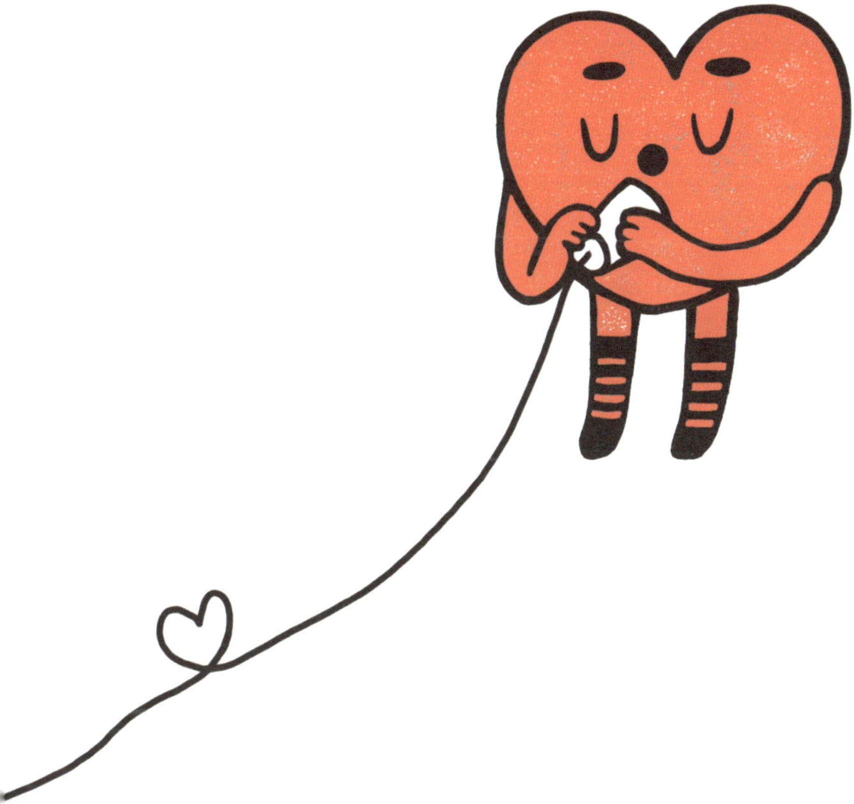

结束，

我用寿衣般轻薄、透明的回忆建一座坟墓。

闯进我心房迟迟不肯离去的你，

明明已经结束却仍在我心里徘徊的你，

蓦然忆起的你，

模糊我记忆却又让我不断从照片中找回忆的你，

偶尔令我大白天打瞌睡的你，

我的整颗心和整个人

都会永远记得你。

这是为我们相处的几年光阴所立的墓碑。

我会含着更坚强的泪水。

真正结束了，才能迎来更灿烂的

开始。

他，以前适合穿白色运动鞋；从不喝咖啡；从没有朋友；从不爱惜车；以前喜欢喝酒甚于吃饭；以前总用中指点击手机屏幕；以前不爱说话；以前爱穿纯棉裤子；以前总喜怒形于色；以前喜欢来一场说走就走的旅行；以前总是哼着连歌名都想不起的老歌；曾有精彩过往；以前只戴过两副眼镜；以前不知想要什么却很清楚讨厌什么；以前会默默陪伴我良久；以前喜欢吃草莓；以前非常喜欢说“那就算了”；从不吃早餐；以前很晚才吃午餐，即便如此也从不觉得饿；以前不知自己的命运由谁主宰；以前自以为很了解我；以前明明是自由之身，却活得并不自由；以前从不喜欢干涉他人，更不喜欢被他人干涉；以前喜欢读书；以前总是习惯性地摸鼻子；明明手很漂亮，却从不以之为傲；以前住得很高；以前会在雨天担心朋友；以前走路总走在前面；以前只被爱情伤过一次；以前喜欢拖着鞋子走路；以前喜欢去美术馆和博物馆；以前深切体会过被抛弃的滋味；从不为礼物所动；以前喜欢吃冷面解酒；以前很自信。

再也不能

用现在时

来描述的人……

晾衣服时，不知从何处吹来一阵风，

我便迎风而立。

要抹去过往的记忆大约就得如此。

一定要晾起、风干。

用回忆的魔力将我束缚于此的你。

我多次尝试忘记，

却仍是想念。

爱情是易耗品。

如果爱情永恒不变，

那么谁都不会将其称为爱情。

白色情人节，

像糖果般转瞬即化。

爱已走到尽头。

若要为这份爱立个墓碑，

你会写些什么？

据说在任何情况下，

人们都不会对不美的事物产生爱意。

那我究竟是被你的何种美所吸引而爱上你的呢?

是你微笑时露出的整齐牙齿?

是你深邃的眼睛?

是你的外在美?

是你积极乐观、总能令人感到愉快的性格?

是你的内在美?

都不是。

凝望着你，

犹如从镜中

看到我自己，

看到你对我的怜悯，

以及我无法掩饰的孤独，

看到你决心陪我在孤独中前行的勇气，

使我懂得，

敢于直面孤独的人生

绝非微不足道。

你不知道。

你不会知道。

我记忆中的你，究竟有多美。

面朝海浪。
波涛一次又一次击碎了眷恋。
我也想像海浪一样，
把深藏在全身各个角落里
关于你的记忆摔得粉碎，
又唯恐支离破碎的
不是我对你的记忆，
而是我自己。

我，又退缩了。

心中充满渴望，

不吐不快。

它令我彻夜难眠，

它令我熬红双眼，

它就像疯了般

一连几日沙沙作响。

原来如此。

原来是这样。

原来

不过是我想对一个人，

只对那一个人，

表明这番心意而已。

你们俩的爱情
已经过期了！

牛奶有保质期，真是件好事。

爱情有保质期，也会是件好事。

谢谢你让我体会了爱情的芬芳，

谢谢你给我留下了美好的追忆，

一切一切都谢谢你。

正因为终有一日会结束，

我们的爱情才愈加绚丽。

再见，

我的爱。

从开始到现在，
爱情这个词真的适合我们吗?

爱情这个词，
包含着一种非你不可的悲剧色彩，
包含着一种名为高尚的过度洁癖，
包含着一种名为热情的特殊温度，
包含着一种将生死置之度外的
盲目牺牲精神。

哭哭闹闹，纠缠折磨。

我们真的属于
那伟大的爱情吗?

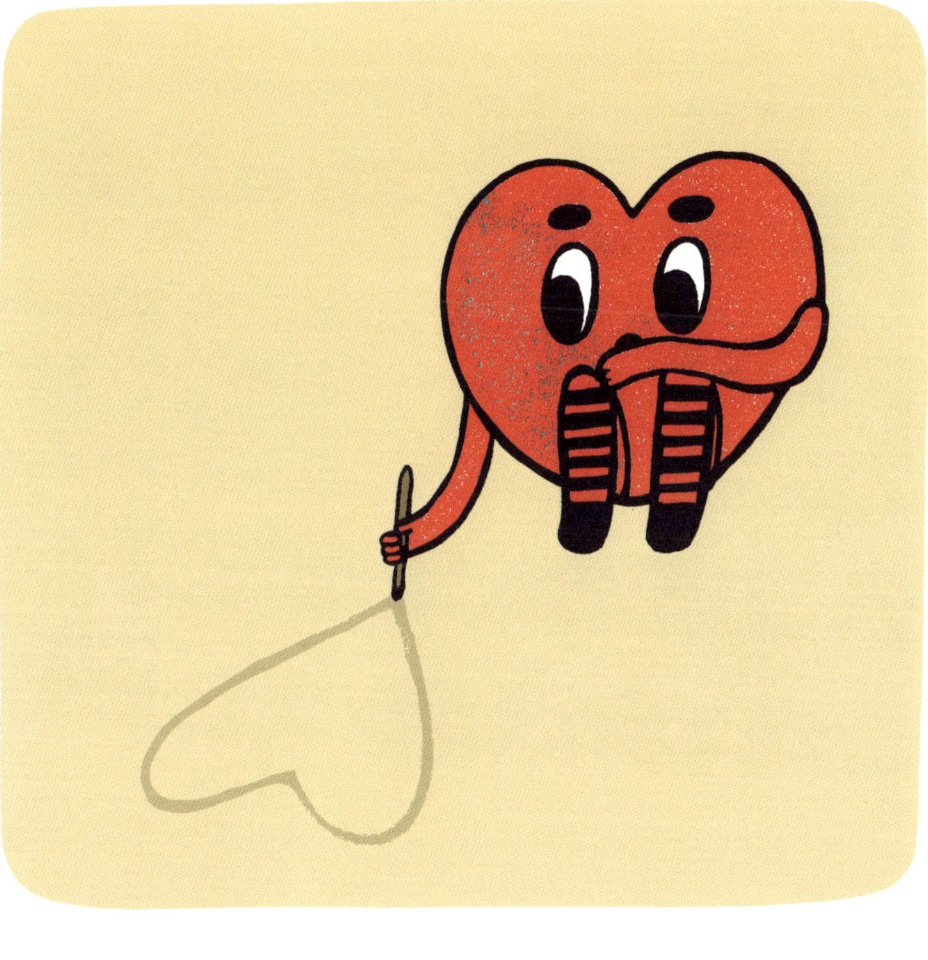

于某一瞬发觉，
一切都变得令人悸动不已，
即便是立刻窒息，
也无法抑制心中的喜悦，
正因为如此，
爱情才会那么令人向往吧。

然而日复一日，年复一年，
如今我们之间
只剩下一种类似义务的习惯。
这就是日久年深后
爱情的模样吧。

戒烟第四天。

满心满眼只有一人，
只要一听到她的名字，
我便不能呼吸，
早已习惯了泪水的滋味，
再也咽不下其他东西。

唯有戒掉你，
我才能活。

我比不上你的睡眠，

比不上你的朋友，

比不上你的工作和吃饭时间，

比不上你的约会和兴趣爱好。

我永远都是弱者。

坠入爱河后，没有强者。

不再觉得

一个人吃饭是种尴尬。

也不再觉得

一个人看电影、散步

是种不自在。

无论是在醉酒的深夜

独自忍受呕吐，

还是学会惜字如金、隐藏真心，

于我而言，

已不再是什么难事。

你或许不知，

因为你，

如今的我变得多么成熟。

我没事。
真的。

请告诉我
爱情还会再来，
求你了。

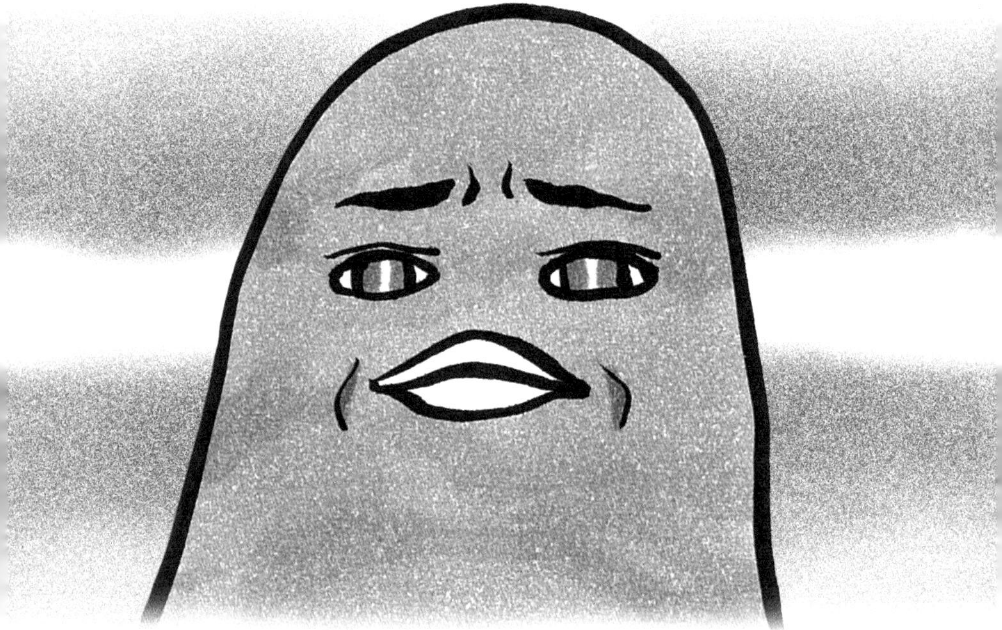

为了使自己心安而表露的真心，纯属自私。

这样的表白，

不说也罢。

曾经不过是点头之交，
如同泡了三次的茶一般
淡如水。

你和我，
当时为何没能
就此打住。

此生，

最好别再，

重遇初恋。

你是我的唯一，

不知为何这句话

散发着悲剧意味。

樱花漫天飞舞，

蓦然间我迫切地想抓住些什么。

然而又不清楚想抓住的

究竟是时间还是爱情。

但是我明白，有些东西不会停留，

有些东西终会破灭消失，

有些东西无论多么辛勤追寻，

始终都遥不可及。

没错。

这个春天即将逝去，

这令我蓦然忆起你的脸庞。

我们最终

通过不同的方式
得到了相同的结论。

相爱如是，
分手亦如是。

我觉得这个冬天更冷。

更容易饥饿，

也更容易孤独。

呼吸的须臾，

泪水早已决堤。

即便弯弯手指，

全身也会随之震颤。

内心

一点点

被冰封。

无人可以相拥。

总忍不住想要问你，

又一次次退却。

你明了我此刻的心情。

这使我

更觉

心痛。

我最终还是选择逃离，
其实是为了更长久地留在你身边。

以某种你绝不可能察觉的方式，

留在你身边，至死方休。

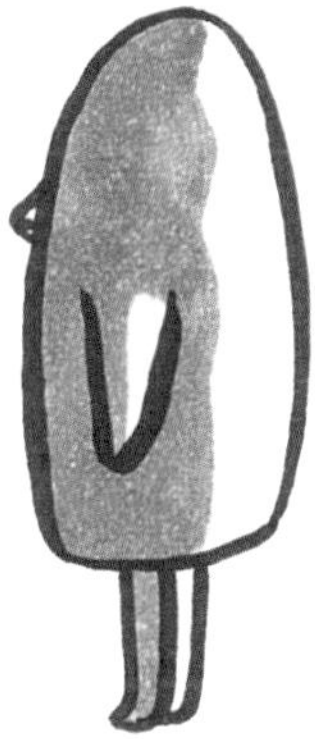

总在不经意间与你太过靠近，

似乎触手可及。

我们该保持适当的距离。

正如唯有与太阳保持适当距离，

地球上的花才能盛放一般。

对爱仍存希冀，
不是期待下次
遇见更好的人，
而是相信逝去的爱情并非徒劳无益。
因为它使我们更成熟、更坚强，
所以我们才会更珍惜爱情。

Part 2

我自己

离我最遥远的人

在银行里突然醒悟，
原来相信一个人，
需要如此繁杂的资料与手续。
我分明就是我，
然而，人们却坚信，
这是将彼此的伤害降至最低的
唯一方法。

我们不得不去证明
那些最基本的东西。

曾以为，

幸福就是

不断地去体验。

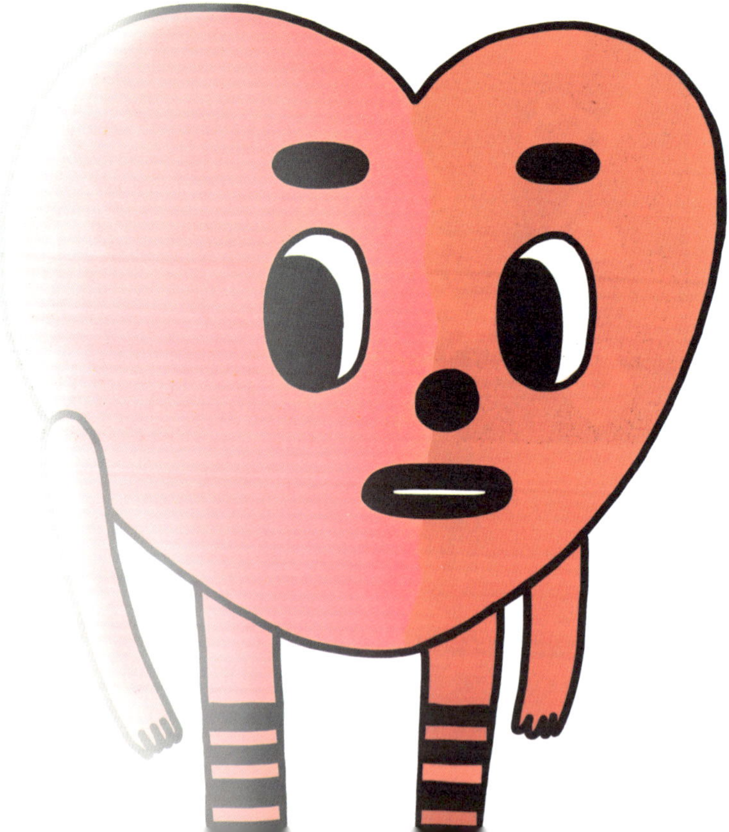

经历过后

方才知晓，

幸福

原来是

拥有回忆。

身上披着

黑色丧服的女子，

悬着腿

坐在殡仪馆前的花坛上，

舔食着冰激凌。

原来，

生活仍有甜蜜。

有的季节

不会随时间而消逝，

它只会

在你身畔

兜兜转转。

你

是一道

静止的风景，

一如这季节。

LOVE

倘若时间如蛋糕般可以看到切开的截面，

就会发现在每个时间截点里，

有人出生，有人死亡，

有人相爱，有人分离，

有人用餐，有人如厕，

有人睡觉，有人玩闹。

我不知，

是否经历之后，便可读透人生。

人生是一杯掺杂了杏仁、香草、芥末、

辣椒粉、大蒜、生姜、脆焦糖、

半糖的五星级

三重蒸馏意式浓缩咖啡。

生

泪流满面地嚼着筋道的辣拌面，

隐约体味到了人生的韧性与弹性。

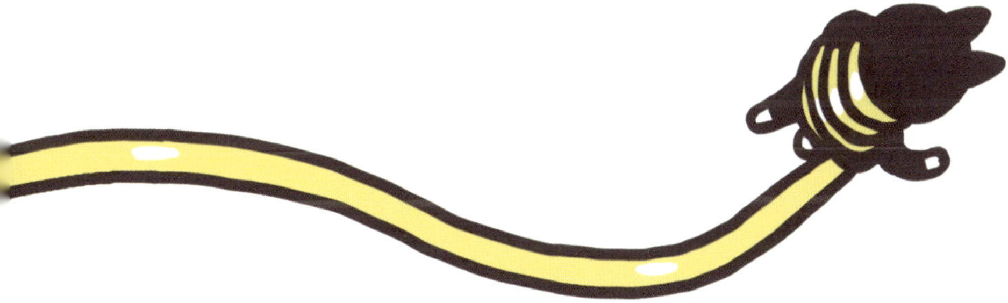

我有一个重大而新奇的发现：

原来这世上只有三种人，

男人、女人、单身的我。

减肥的关键在于

坚信每个胖子的体内
都隐藏着一个
时刻准备出逃的瘦子。

哭吧！

若是感到悲伤，

就该尽情哭泣。

在眼泪滴落的瞬间，

你会听见悲伤轰然坍塌的声音。

一事无成。

长吁短叹之际，
记得反复提醒自己，
至少这证明我在很努力地做人，
这本身便是巨大的正能量。

正能量
负能量

做任何事情
都要精确无误，
这是我的天性。
必须精确到时分秒。
然后，
我愿生活在平凡中，
安稳地活在循规蹈矩中。
恭顺地听从别人的指挥，
我想要的
不过就是这种简单的安乐。

一天之中，无论何时经过下班路上的公交站，
总能在拐角处遇见卖糖炒栗子的金氏父子。
金老汉在这巴掌大的地方辛劳了一生，
不知不觉已至暮年。
却不愿儿子在这隆冬的
十字路口重复他的命运。
金老汉卖力地翻炒着那些剥了壳的、
未剥壳的、剥不了壳的、
需要剥壳的栗子，
浓浓的栗香便在空气中弥漫开来。

即便儿子继承了金老汉的衣钵，也无法真正领悟
这些瞬间咔一声裂开、嘭一声弹起的栗子
所蕴含的深意。而事实也的确如此。
寒冷的冬夜于金氏父子而言，
并没有那么漫长难耐。
夜阑人静时他们专注地烘烤着整个地球，
只需区区十余元，金老汉也好，他的儿子也罢，
便会毫不犹豫地把他们烘烤的整个世界放到你手里，
这是何等的大方。
如果你也曾尝过这黝黑的地球的味道，
着实该对卖糖炒栗子的金氏父子说声谢谢。
谁能想到，
这小小的纸袋里装的竟是温热的宇宙。

我喜欢五分熟！

既不喜欢全生，
也不喜欢全熟。

就要这种稍稍
透着点生肉气味的感觉。

我只要五分熟。

生活的方式并无二致。

长期存在的即是真理。

蓦然察觉，

冷漠无情的人

反而很难对我们造成伤害。

旅行

究竟是人发现了旅行，

还是旅行发现了人？

旅行是发现未知自我的过程，

是直面自己另一面的机会。

归根结底，

旅行是

确定内心世界

与外界相通的良机。

人，应该经历一些悲伤。

若无病痛困顿，人生注定平庸。

悲伤让无形的人生

有了坚强的形体。

今天我要彻底放松。

其实，

生活中比工作更重要的莫过于

休息。

FREE

令人感到恐惧的时刻是

完全未知事物的来临，

同时发觉现实竟如此不堪一击的时刻。

比如，成为母亲的那一刻。

如今的人们，
渐渐开始排斥
人工的精雕细琢。
总想运用机器，
取而代之。

因为痛，
所以叫青春

因为痛，
所以叫青春

同病相怜……
SOLO

有种植物叫薏苡，

据说很难侍弄。

我认为就这一点而言，它确是最适合的植物了。

一周浇两次水，多不得，少不得，

水量还要适宜。

每天还需将其放置在通风处几小时，

偶尔还得抚摸叶片，促进其生长。

果真是再适合不过了，

尤其对那些失去爱情的单身而言。

我该再泰然自若些。

面对人生中的某些状况，

我只是想保持沉默，

并不想隐藏或伪装。

——写于某个想变得更坦率的深夜

细细端详，它竟没有手 。
因为不懂如何握紧东西，
所以体态轻盈。
是轻盈让它能够飞翔？
原来正是因为放弃了手，
鸟儿才能翱翔。

忽然，
江边传来
鸟儿振翅的声音。

没错，味道代表了心情。

那时那地，

那时那人，

那时那味道。

突然坠入爱河，
入骨的思念，疯狂的纠缠，
转身而不愿离去的徘徊。
时而激荡难平，
时而飘然欲醉。
我坚信
这是成人必经的一切，
长大后定要体验一番。

如此说来，我究竟是
尚未长大，
还是已然老去。

我何时变得
如此苍老了？

“你相信我吗？”

“当然啦。
虽然你总是把假话说得像真的一样，
做事也不太靠谱。”

可不是嘛。
信任与否，
无关个人良心，
只取决于相互间的关系。
正如你急需帮助时，
最先想到的
定是那些不太靠谱的朋友，
而非初次谋面的专家。

我朋友！

“我就是不想做。”

“我也不知怎么的。”

“我不知道……”

我生平所说的话中，

最真实的话。

若将我的人生写作一部小说，
我不愿浪费笔墨
介绍我是谁、吃穿用度等琐事。
我只想写写身边的人，
记录我所处的环境及环境中的人，
他们是谁，
我们的相识、相知与别离。
描绘耐人寻味的不期而遇
与痛彻心扉的别离、
以及它们赋予人生的深度与广度。
最重要的是记下我并不孤独。
其实，
唯有这些极度无聊琐碎的细节，
才能表现真正的我。

如果出生在愚人节，

该多好啊。

这样，有人问起

为何我的人生如此荒诞时，

我便可以

以自己出生在愚人节为借口了。

喂！今天可是我的生日哦！

我还以为找
到了答案……
居然不是啊
……
其他答案
你的答案
简单的答案
更好的答案
稳妥的答案
我的答案

你认为人生无解时，
答案反而会层出不穷。
而当你坚信答案唯一时，
便会立刻紧张起来
反而会发现更多答案。
苦苦追寻唯一的答案
度过了焦躁不安的时光。
转而开始怀疑，
继而又将其否定。

有些话，要过很久我们才听得进去。

久到就像有些星光需要经过几百年

才能穿越广袤的宇宙到达地球一般。

这些话也许要耗尽某人的一生，

它在最简单的句式中包含了最复杂的深情。

虽然片面却又包含了全部。

它既是一个整体，又可化为生活中的点点滴滴。

它微如尘埃，日日萦绕在我周围，

但又会在某个瞬间化作强大的思念，浸湿我的双眼。

它就是母亲的唠叨。

一定要按时吃饭啊！

过去我认为，
变心的人罪大恶极。
原以为这是因为那时的我还很单纯，
其实不过是想让自己显得单纯而已。

如今才知道，
在这个年纪还显得单纯，
意味着什么。

有人说这是幼稚。
有人会换个说法，
说这是不够成熟。

是的。
心灵不存在背叛，
因为爱情并非交易。

四下打听，终于找到了朋友的墓。

我却没有一滴眼泪。

在盛夏的骄阳下，

我不断揩拭着汗水，而非泪水，

不知不觉间我竟在寻找树荫。

躲在一棵矮小孱弱的树下，

心中陡然升起了对朋友的歉意。对不起，我还活着呢。

原来这里只我一人

担心回程的路。

——写于一个不再对逝去之物感到陌生的傍晚

我坚信，我已拼尽全力。
迈着沉重的步伐走向筋疲力尽。
下雪了，午后的雪。
而你便是这场雪，
是掩盖回忆的小白船。
即使前路必须独自前行，
我也努力瞪大双眸不流泪，
双眸中已凝结了冰凌，
不争气的泪水划过脸庞。

白色世界里的白色脚印，
令人晕眩。

因为花朵太过绚丽，树叶清新亮泽；
因为这时节太适于在我钟爱的亭台楼阁中漫步，
也适于慵懒地坐在啤酒屋的阳台上；
因为喜欢这拂面的微风，
它似乎在低语：“恋爱吧！恋爱吧！”
时时提醒及时享受春光。

我讨厌春天。

若人生
一直为午餐时段，
该多好啊。

对酒足饭饱的人而言，最可怕的便是感到倦怠和空虚。尤其是那些对日常食物都能心满意足的人，更容易陷入倦怠。他们会变得安于现状，因为幸福是对重复的渴望。

那么喜欢特殊晚餐的人又是什么样呢？日日流连于各种人气美食店，不停地拍照吃饭、拍照吃饭。这样的人极易陷入空虚。因为追求与众不同所体验到的快乐只是一次性的。

言归正传，现在的我既倦怠，又空虚。既可以一日三餐都吃粗茶淡饭，也会排队买人气炸鸡店的鸡腿作夜宵。

喂！到底想怎样？难道真打算任由自己这么空虚、倦怠下去吗？

深更半夜还是少吃为妙，拜托！

刚刚看完展览。

如今艺术已不再是艺术家们的事了。

一件作品是艺术还是垃圾，

完全取决于欣赏者的宽容程度。

究竟是从何时起，

艺术需要费尽心思才能辨识得出？

回忆
是留下的？
还是记住的？

看似相同，其实不然。我不喜欢拍照。透过镜头观察世界时，我不再因新奇而紧张兴奋。相机取代了记忆，依赖于它致使我们经常错过那些本该用心体会的时刻。

记忆的本质是忘却，所以才需要我们用自己的方式去整理、精炼，并赋予它一个全新的名字——回忆。记忆和记录不同，同样留下记忆和做成记录也不同。正因如此，我不喜欢照相。

我决定放慢脚步。

再也不要无力地

在岁月中随波逐流。

寂寞孤独如我，却不能让自己一醉解千愁，

每日醒来发觉自己还活着，

心中便不寒而栗，

我再也不要活得如此悲哀了。

我要以石头穿透冰层沉入河底的速度，在你心里生根发芽。

从这里重新开始，

就从今天开始。

我还活着，

这算不算意外之喜？

在如今这个社会，

如何证明你还活着，似乎比宣告死亡更为重要。

我之所以不敢呼唤你，

是因为我不能

让你和我一样孤独。

望眼欲穿的周末一去不返，

转瞬即是星期一。

这一天，再多的正能量也无济于事。

如同等待恋人回心转意的电话般煎熬而漫长的

日……生期一。

星期六

星期日

你说你已有约，

让我顿感悲伤。

不是因为无法与你相见，

而是我突然生发了被你看穿的孤独。

我在等候一种遥不可及。

荡涤岁月留在我身上的碎片，

任其随水流漂走。

弥漫在天堂、你、我之间的迷雾

犹如我身体般厚实、浓重，

而隐于其中的孤独却一遍遍呢喃：

我没事，我没事……

我的身体几度被水葬，

又几经重生。

我在等候一种遥不可及。

犹如耗尽平生也等不到的鸟，

犹如风。

沐浴奇想。

去牙科拔了智齿。

通过渐宽的牙龈厚度

估量失落的轻重。

据说它原本属于禽兽，

据说它孕育着最原始的疯狂。

偶尔它会用尖锐的痛苦刺激野性的颌骨，

我竟丝毫没有察觉。

智齿竟如此无声无息地生长。

啊，如今我又被什么驯服了？

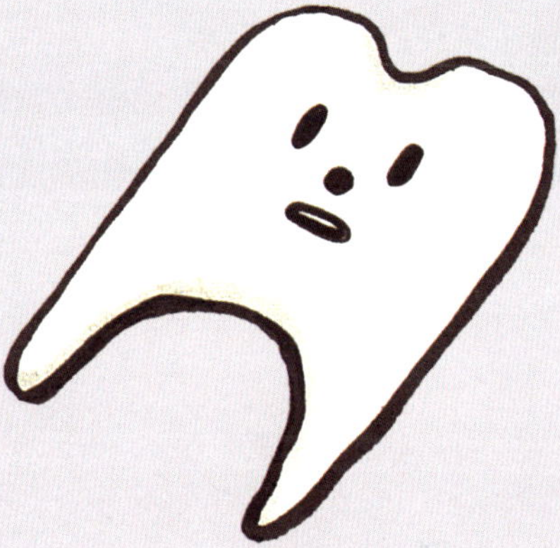

在只有我知晓的路上，
布下只有我认识的路标，
在迷途中建个家。
间或，
也会因找不到家
而哭泣。

——写于偶遇横穿花坛的蜗牛的下午

生活，犹如在跑道上前行。

在前行时，

接受偶遇的人和时光的送别。

从其中不难发现，在那些与我们挥手告别、

祈愿我们一路平安的人中，

有我们深爱的，

有我们憎恶的，

也有我们思念的。

所以，你只能送到这一程。

你，要长命百岁，

要活得比我长久。

多希望

我到达世界尽头的那一日，

身边有你相送。

不要相信你的头脑，

更不要相信你的心。

有些事情

唯有不断地努力方能见效。

比如，恋爱，分手。

经历过许诺、认定、

纠缠、焦躁的夜晚之后，

从典型的恋爱中的女人

又轮回成典型的失恋中的女人。

然后便在无尽的醉酒、呕吐、

谩骂、通话的夜晚中煎熬。

我们之所以会重复这毫无意义的情感消费，

是因为我们还会心动。

对日渐冷漠的我们而言，

这何尝不是一丝安慰。

讨厌贪心的大婶，

讨厌促狭的车位，

讨厌从我车前或车旁疾驰而过的巨型卡车，

讨厌弯弯曲曲的小巷，

讨厌偷工减料、毫无诚意的食肆，

讨厌一口吞下一大把药，

讨厌毫无新意的典型事迹，

讨厌终日抱怨的人，

讨厌戴戒指，

讨厌欠债，

讨厌恐怖片和灾难片。

有时，通过讨厌什么，

更能透彻地了解一个人。

你并不了解我。

至少你不了解我的不眠之夜。

不了解我等到白发苍苍也兑现不了的承诺。

你永远无法想象。

那些被你轻易收回的沉重话语，

是如何在我的夜晚

生根发芽、枝繁叶茂。

那一轮悬于独白森林上空的明月，

已经历了多少阴晴圆缺。

你并不知晓。

你不曾知晓，也不会知晓。

曾经明明下着雨，却不愿撑伞。

曾经明知等的人绝不会来，

却依旧在天寒地冻中瑟瑟发抖。

曾经因花开而畅饮，

也曾告诫自己秋日已至，

该让往事随风。

回首过往，

那是我在抚平伤痛。

是我在奔向你的路上

本可戛然止步的时刻。

遇见你，我才顿悟，

离我最遥远的人，

不是你。

而是我自己。

就是那个从不与自己

商议任何问题的我。